AF268244

L'ÉVOLUTION DE L'ÉGLISE

PAR

M BERNARD LAVERGNE

SÉNATEUR DU TARN

(Extrait de la *Revue Generale*)

PARIS

TYPOGRAPHIE A DAVY

52, RUE MADAME, 52

1891

L'ÉVOLUTION DE L'ÉGLISE

PAR

M BERNARD LAVERGNE

SÉNATEUR DU TARN

***

(Extrait de la *Revue Generale*)

***

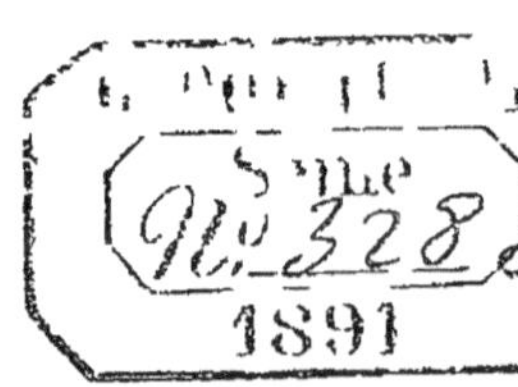

PARIS

TYPOGRAPHIE A DAVY

52, RUE MADAME, 52

—

1891

L'ÉVOLUTION DE L'ÉGLISE

Si le toast du cardinal de Lavigerie à la marine française produisit un etonnement genéral et fût consideré comme faisant une heureuse diversion au langage ordinaire du clerge à l'egard de nos institutions, on ne peut douter aujourd'hui qu'il ne fut la première manifestation d'un plan arrête, inspire ou accepte par le Saint-Siège. Le Prince de l'église etait d'accord avec le Pape : cela ne saurait faire doute pour personne. La lettre du cardinal Rampolla, les declarations des évêques de France, les communications officieuses qui se multiplient tous les jours témoignent, sans doute possible, de la réalite d une evolution, qui marque un evénement important dans l'histoire de l'Eglise.

Il est acquis, il est accompli, impossible d'échapper à la nécessité de compter avec lui

Nous nous proposons de l'etudier et dans sa nature et dans ses conséquences probables.

I

La nature du mouvement n'a jamais été plus clairement exposee que dans une note que Monsieur l'évêque de Nancy a adressée au journal *Le Presby-*

tère Nous empruntons à cette note les extraits suivants.

Le but assigne à la campagne — car c'est bien une campagne, personne dans le clerge ne le nie — est de « sauver la France chrétienne en péril. C'est un devoir évident, absolu et pressant ». Telle est la déclaration formelle de l'ardent evêque

Pour atteindre ce résultat, quels moyens propose-t-il ? Il en signale deux : « L'un sur le terrain religieux, *l'autre sur le terrain politique* ».

Premier moyen : « L'union des catholiques pour la defense des intérêts religieux, sous la direction des evêques, en dehors des partis politiques ».

Les catholiques ont beau dire. Il paraît que cette union n'existe pas, du moins au degre voulu : « L'union des pensées et des désirs existe, mais elle doit se manifester par l'*entente à tous les degres* (souligné dans le texte) ; et cette entente devra se manifester, à la première occasion, par des declarations *unanimes*, prudentes et fermes de l'episcopat français, et, à ces déclarations, les catholiques devront repondre par une action *unanime et puissante*, par tous les moyens legitimes, afin de seconder l'action de leurs evêques Or, tout cela n'existe pas »

Arrêtons-nous sur ce premier point Voilà donc le faisceau catholique forme, solidement forme, sans deviation possible d'aucune fraction, d'aucun membre, puisque la parole episcopale va indiquer la voie, donner le mot d'ordre. Nous ne sommes encore que sur le terrain religieux , mais c'était vraiment la premiere organisation a faire et il faut reconnaître qu'elle est bien preparée.

Voyons le second moyen.

« Le second moyen est l'entente, l'association, l'alliance des catholiques. . »

Ici une note, ou de l'auteur ou du directeur du journal, dont l'importance n'échappera pas ·

« Ce sont les catholiques *laiques* qui doivent ainsi s'unir entre eux au point de vue des intérêts politiques, puis s'allier avec les conservateurs et les liberaux serieux » Serieux veut dire, je suppose, qui ont des chances electorales

Je reprends le texte :

« Le second moyen est l'entente des catholiques de tous les partis avec les conservateurs et les liberaux sinceres, sur le terrain de la justice et de la liberté, *en mettant au-dessus* de toutes les ambitions personnelles et de tous les interêts des partis, *les interêts de la France et de l'Eglise.* »

Voila le plan de campagne : il est extrêmement habile. On commence par rassembler les troupes afin de les tenir fortement dans sa main pour les lancer en masse sur le point voulu : c'est la tactique de Cesar et de Napoleon ; rien de l'ordre dispersé

Cela fait, on se cree des alliances, l'heure de la bataille peut venir

Le jour ou elle sera annoncee, il faudra que le faisceau comprenne et les catholiques et les allies qu'il soit entendu par tout le monde que *l'on met au-dessus de tout les interêts de la France et de l'Eglise* Ce point acquis, il s'agira de choisir le porte-bannière Ecoutez ceci ·

« La grande affaire sera celle des élections », et comme consequence des dispositions prises · on devra « proposer les candidats qui ont le plus de chances de succès, *à quelque parti qu'ils appartiennent*, parce que. seuls, ils pourront defendre efficacement les intérêts de la France et de l'Eglise. C'est la ligne de conduite qu'imposent le dévoûment sincere à la France et a l'eglise (remarquez que ces deux mots marchent toujours ensemble) et, d'ailleurs, la plus vulgaire prudence et le simple bon sens ». Et M Turinaz affirme que ses attestations au sujet du second moyen sont en conformité parfaite avec les enseignements réiteres de Leon XIII. Nous n'eprouvons aucune difficulte a le croire.

Ainsi, les catholiques devront arrêter leur choix, parmi les candidats qui mettent les interêts de « la France et de l'Eglise » au-dessus de tout, sur celui qui aura le plus de chances, à quelque parti qu'il appartienne. Voilà la condition decisive. Et remarquez, je vous prie, que, bien que nous soyons en pleine evolution des catholiques vers la Republique, l'éminent prelat ne dit pas que, pour être choisi, il soit nécessaire d'être un *evolutionniste*. Ceci prouverait peut-être quelque tiedeur dans l'evolution , mais passons.

En resumé : tout d'abord, reunir les catholiques en faisceau sous la direction des evêques , puis, s'allier avec les conservateurs de tous les partis, sur le terrain de la justice et de la liberte , mettre l'interêt de « la France et de l'Eglise au-dessus de tout», enfin, au moment de la bataille, choisir le candidat qui a le plus de chances, d'ou qu'il sorte : Essayez de découvrir un defaut a ce plan de campagne !

Le comble de l'habilete prudente, cauteleuse, pourrions-nous dire, est dans le mot de la fin qui depeint le rôle electoral des évêques :

« Il est important de remarquer les termes dont je me suis constamment servi en parlant du rôle des evêques et du clerge au sujet des élections J'ai demontre que *l union catholique* (le premier moyen, *distinct* mais non *separé* du second, de même que l'autorite religieuse est *distincte* et *non separee* de l'autorite civile, ces deux autorites devant s'entendre et se prêter un mutuel concours) ne doit pas *faire* les elections (c'etait la question qui m'etait posee) parce que les evêques ne *doivent* pas DIRIGER les elections. Il s'agit non pas du droit *absolu*, mais du *devoir*, il s'agit de la *direction* qui impose la responsabilite complete de l'ensemble et des details, de toutes les luttes, même personnelles, des resultats, des consequences. Donc conclure de mes paroles que les evêques et le clerge ne doivent pas se mêler des élections — ce qui irait jusqu'a l'exclusion du vote — ou que nos prêtres etnos evêques ne peuvent pas être deputes, senateurs, etc , c'est me faire dire ce que je n'ai pas dit, c'est meconnaître les règles de la logique. »

Que de choses il y a dans ce petit morceau, sur lesquelles nous reviendrons. Pour le moment, n'en retenons que ceci . les evêques ne doivent pas descendre au rôle d'agents électoraux et se compromettre dans *les details* de la lutte Ils se bornent a indiquer a l'armée catholico-conservatrice la ligne a suivre. Il faut, avant tout, eviter certaines responsabilites. Question de devoir (et de prudence), non de droit (qui est reserve). En fait de gymnastique intellectuelle, n'essayez pas de lutter avec l'episcôpat

II

Maintenant que l'esprit de l'évolution du clergé de France est si clairement exposé par le tres distingue prelat de Nancy, nous pouvons essayer de porter un jugement sur cet evenement considerable

Car, pour tout homme sérieux, c'est un événement considerable, à quelque point de vue que l'on se place, que celui qui detache le clerge de France des partis monarchiques qu il avait toujours soutenus, pour l'amener à la démocratie qu'il avait combattue sans relâche.

Ne voir là qu'une ruse politique pour s'emparer

du pouvoir, avec l'arrière-pensée de ramener un roi, c'est rester en-dessous du niveau de la question. Que les républicains en concluent qu'il faut veiller au grain et faire bonne garde, c'est assurément très logique ; mais — je vais jusque-là — cette arrière-pensee fût-elle positivement reconnue dans le clergé, je dis qu'il faudrait encore voir autre chose dans son adhesion a la Republique.

Un grand corps comme l'Eglise catholique ne se résout pas legèrement a d'eclatantes contradictions S'il vient à la democratie c'est qu'il a compris deux choses : premierement que toute esperance d'un retour a la monarchie etait impossible en France, secondement, que de profondes modifications dans la situation des ouvriers du monde entier se preparaient.

L'Eglise ne manque point de flair : elle a vu venir le socialisme, elle essaie de s'en emparer comme elle a cherche à s'emparer de tous les mouvements de l'histoire et de les diriger. Y parviendra-t-elle ? c'est une autre question.

A côté de ceux qui s'efforcent de rapetisser cet evenement ou qui, de bonne foi, le jugent sans portee, il y a ceux qui, selon nous, en exagèrent singulierement la puissance et les resultats.

Un homme qui, depuis 1870, est mêlé à nos luttes politiques, qui a eu son heure de pouvoir, un ecrivain sincère, courageux, dirons nous, car tous ceux qui pensent comme lui n'ont pas le courage de dire aussi nettement leur pensee, M. de Marcere, dans un travail très refléchi, inséré dans la *Nouvelle Revue* du 1er mars dernier, cite l'opinion de ceux qui voient, dans le rôle que prend aujourd'hui l'Eglise, un evenement comparable a l'avenement même du christianisme, lorsqu'il vint modifier de fond en comble l'ancien monde. M de Marcère ne va pas jusque-la; mais il pense qu'au milieu du desarroi où sont tombes les partis politiques, dans la mort de toute foi religieuse, dans le neant des opinions philosophiques, dans le scepticisme universel qu'il constate, l'Eglise a une mission a remplir et qu'elle la remplira.

Si, tout à l'heure, nous reprochions a ceux qui ne voient, dans son evolution, qu'une vulgaire tactique électorale de l'Eglise, de rapetisser singulierement son rôle, il nous paraît que c'est le grossir beaucoup que de lui accorder de nouveau la direction de la societé française moderne.

Quand le christianisme s'empara du monde antique, il ne trouva aucun principe moral vivant, c'est-a-dire ayant puissance sur les foules et par consequent capable de lui resister et de partager avec lui la direction des consciences. En est-il de même aujourd'hui ? La Révolution française est-elle morte ? La déclaration des droits de l'homme est-elle devenue un mensonge ? Personne ne le soutiendra. Donc, pour que l'Eglise pût reprendre la direction morale, politique et même sociale — car elle aborde aujourd'hui aussi ce côté-là — de la France, il faudrait qu'elle pût s'allier à la Revolution, ou tout au moins partager avec elle.

Le peut-elle ? Les deux puissances peuvent-elles s'accorder ? J'entends bien que l'Eglise est entree dans la République ; mais est-elle entree dans la Révolution, dont très certainement la Republique ne se separera pas ?

Accepte-t-elle le droit *humain*, emanant de la collectivité populaire ? A-t-elle renoncé a faire descendre le pouvoir du ciel ? Si elle pretend se couvrir par la parole : « *Omnis potestas a deo* », elle commet une palinodie indigne d'elle : on ne fera jamais accepter par un homme de bonne foi la similitude, l'equivalence de deux pouvoirs, dont l'un descend du ciel, verse, avec l'huile sainte, dans la cathedrale de Reims, par un prince de l'Eglise, commissionné par Dieu, et dont l'autre émane du suffrage des foules que manipule et tourmente l'intrigue des partis : le clerge de France le sait mieux que personne. Non ! ceci tuera cela, ou, plutôt, ceci a tue cela.

Non : malheureusement, il y a deux Frances : celle du *Syllabus* et celle de la Revolution.

III

Leon XIII aurait-il ecrit le *Syllabus* ? C'est une question Pie IX etait prisonnier des jesuites. C'est sous leur pression qu'il a lance ce défi temeraire a l'esprit moderne Il semble bien que Léon XIII *fa da se.* Souhaitons-le pour sa gloire et pour la France, auprès de laquelle il a acquis une incontestable reputation de sagesse, mais de la a l attirer dans les bras de l'Eglise ..

L'Eglise, dites-vous, vient aujourd'hui à la democratie, oui : à la democratie enfin victorieuse ? Je m'en rejouis, mais je ne puis m'empêcher de me dire que l'Eglise eût ete plus genereuse si elle etait venue a elle pendant sa lutte et ses rudes epreuves ' son devoir ne la conduit-il pas vers ceux qui souffrent, et qui souffrent pour la justice et pour le droit?

La verite est que les deux courants continueront de se partager les citoyens de la France. M. de Marcère estime que l'elite, celle qui pense, celle qui est instruite, fatiguee par le vide des âmes, troublée par le sentiment religieux qui recommence à palpiter en elle, reviendra a l'Eglise? Non : l'esprit de l'Eglise et l'esprit de la revolution marchent dans deux directions paralleles, et l'on sait, en geometrie, où les paralleles se rencontrent

Reconnaissons, pourtant, que M de Marcère touche la le point delicat, qu'il decouvre le drame intime de la conscience moderne : car le vide de toute croyance religieuse est douloureux aujourd'hui a bien des âmes ; savez-vous pourquoi? Parce que le sentiment religieux est un element de l'âme humaine et que l'on ne saurait l'en arracher Que cet element soit primordial, essentiel, ou le produit des longues croyances de l'humanité, ce que j'ignore, il n'importe · il existe , il faut compter avec lui.

Mais M de Marcère nous paraît hardi en partant de ce fait psychologique pour conclure à un retour des esprits cultives au catholicisme Et nous le trouvons trop sévère pour ces derniers quand il essaie de les acculer au néant.

Nous lui accordons volontiers que ceux qui prétendent faire de la science une religion sont dans le faux ils ne font que confesser inconsciemment le sentiment religieux qu'ils nient. Non, la science n'est pas une religion ; elle n'a pas d'organes pour saisir le surnaturel, et, quand elle se permet de le nier, elle depasse son droit, elle sort de sa sphere , elle déserte sa methode sévere.

Mais pourquoi deverser le dédain sur l'homme consciencieux qui, cherchant de bonne foi la vérite et respectant toutes les facultes de sa nature, arrive en presence du surnaturel, — précisons : en presence de la question de survivance, — s'aperçoit qu'il manque d'organes pour la penetrer et la resoudre , mais qui, presse, pourtant, par une voix intime, imperieuse et, remarquez ceci, par sa foi profonde dans le triomphe definitif de la justice, triomphe necessaire a l'harmonie du monde : necessaire, dis-je ? indispensable, car, sans ce triomphe definitif, la vie perd son attrait, sa saveur, et toute raison d'être disparaît ; pourquoi, je le répète, condamner cet homme-la ? Il a fait tous ses efforts pour arriver à une conviction religieuse démontree certaine , il n'a pu y parvenir Il s'est aperçu, enfin, de l'impuissance humaine a saisir le grand problème , pourquoi vous imaginez-vous qu'il reste inquiet, tourmente? On ne se depite pas devant l'impossible, on le constate et on l'accepte.

Et pour sa regle de conduite, n'a-t-il pas la justice, le sentiment du droit, le respect de la liberte pour lui et pour les autres? Cela ne suffit-il pas ? Que lui donnera de plus l'Eglise?

Ah ! vous n'irez pas jusqu'a prétendre que l'Eglise seule peut enseigner la justice et le droit ? On les connaissait avant elle Cette sublime notion fleurit spontanement dans la conscience humaine : temoin les articles de la déclaration des droits de l'homme, que l'Eglise n'a pas dictes.

Mais c'est la, me direz-vous, de la morale independante. He bien, après ? Pourquoi ce mot-la vous ferait-il peur? En verite, je ne m'explique point qu'a cette heure de l'histoire, on essaie de contester a l'homme la capacité de decouvrir, *tout seul*, les lois morales. Qu'a-t-on a y perdre ? En quoi cela empêche-t-il les adeptes des religions positives d'y ajouter, par surcroît et comme adjuvant, les enseignements religieux : La revelation qui fait connaître ces lois et la grâce qui donne la force de les suivre ?

Le christianisme a-t-il démontre jamais cette impuissance humaine a decouvrir la justice et le droit ? D'abord, pour ceux qui ne voient pas dans le Christ

un Dieu, mais un homme, si grand qu'il fût, le pro-
bleme est resolu. Mais j'ai déja dit que la notion des
lois morales était antérieure au christianisme. J'en
conclus que l'indépendance de la morale est chose
claire comme le jour, a l'heure actuelle, pour tous
les hommes instruits où qu'ils se trouvent, même
dans l'Eglise

Et j'ai le regret de constater que je n'ai pas la
même foi que M de Marcère dans le retour au catholicisme de la sociéte française nee de la Revolution.

M de Marcère, qui revendique pour la France le
titre de nation catholique, semble avoir perdu de vue
que le vieux catholicisme français, celui du siècle de
Louis XIV, a subi la plus deplorable adulteration de
la part des jesuites, et que le genie de notre nation
eprouve la plus violente repugnance contre le jesui-
tisme Or, les jésuites ont-ils perdu leur influence
dans l'Eglise ? Le sage Léon XIII s'est-il emancipé
de leur tutelle ? Où sont les actes qui le prouvent ?
Montrez-moi les encycliques qui le declarent. En tous
cas, ce que l'on peut constater en France, c'est leur
puissance tous les jours grandissante. Voyez l'état
florissant de leurs établissements scolaires ; suivez
les leçons de discipline qu'ils donnent à la jeunesse ;
ecoutez le langage qu'ils mettent dans la bouche des
futurs defenseurs de leur pays « Parlez, Saint Pere,
ordonnez, nous obeirons¹ » Remarquez les efforts
qu'ils font, même contre les décisions des conciles
les plus autorises, pour faire pivoter toute la doctrine

autour de l'infaillibilité du Pape, afin que le jour où ils auront un pape de leur secte, ils soient les maîtres absolus de l'Eglise.

Nous connaissons assez la loyauté de M. de Marcere pour être certain que jamais il ne poussera la France de ce côte-la. Espère-t-il reveiller le vieux catholicisme gallican ? Evidemment ce n'est que celui-la qu'il vise.

Ah ! si l'evolution vers la democratie, que Leon XIII prend sous sa haute direction, s'accompagnait d'un mouvement de reaction contre la domination des jésuites, ce serait un grand pas de fait vers l'apaisement et la paix sociale ; mais, pour nous en rejouir, nous attendrons d'avoir vu cet heureux evenement

IV

Revenons maintenant à la note de M. l'evêque de Nancy qui explique si bien la nature et le but de l'evolution de l'Eglise.

Ce qui nous frappe, tout d'abord. c'est la résolution prise, avouée, proclamee, pourrions-nous dire, d'entrer de plein pied sur le terrain politique Mais, alors, que devient donc la séparation des deux domaines, des deux « mondes », qui jusqu'ici a ete la convention consentie entre l Eglise et l'Etat ? Elle est brisee, cette separation, mise à néant. M. Turinaz l avoue carrement et le souligne : « L'autorite religieuse est *distincte* et *non separee* de l'autorite civile ». L'ombre de Napoléon, co-auteur du Concordat, celle de Louis XIV, disciple de Bossuet, l'ombre de Saint-Louis lui-même, qui marquait la limite des deux pouvoirs, ont dû tressaillir dans leur tombe. L'eminent evêque s'est-il aperçu qu'en ecrivant ces lignes, il donnait une force enorme à ceux qui, dans le parlement, s'obstinent a réclamer la separation de l'Eglise et de l'Etat? L'habilete a un revers.

Ne s'expose-t on pas, d'ailleurs, par cette immixtion, à souffler sur les cendres encore chaudes, en quelques points du territoire, des querelles religieuses; a rammer, ici et là, quelques tisons mal eteints? Ne risque-t-on pas de decourager la conciliation, la modération, qui, si l'on regarde au fond des choses, faisait de veritables progrès, par un conconsus mutuel, tacite, mais indeniable? Et, en effet, de son côte, le clerge avait bien dû reconnaître que la Republique laissait a son culte la liberte la plus complete, et, a leur tour, les republicains, comprenant — ce qu'ils n'avaient pas compris tout d'abord — d'une part, que les questions religieuses ne se vident point par la force, de l'autre, que la religion, lorsqu'elle reste un fait interieur de conscience, ne gêne en rien la marche d'un gouvernement, fût-il une République, il était visible que les republicains s'engageaient de plus en plus, vis-a-vis du clerge, dans une attitude absolument pacifique.

C'est qu'en effet, que personne ne s'y trompe, la

paix sociale est là, mais elle n'est que là, dans cette distinction que nous sommes heureux de trouver à la fin de la brochure de M de Marcère : « Il y a dans le citoyen, fût-il en republique, une part qui appartient à la societe et aux devoirs qu'elle reclame, et une part qui n'appartient,en ce monde,a personne » Je modifie ce dernier mot et je dis (l'idee est la même au fond), qui n'appartient qu'a l'individu.

Hé bien ! ce domaine inviolable, faites en le sanctuaire de votre religion , meublez-le, au gré de votre âme, de catholicisme, de protestantisme, de philosophie, de Boudhisme même, si vous êtes assez « fin de siècle», pour cela , mais n'ayez pas la pretention de le faire pénetrer — et surtout en maître absolu — dans le domaine de la vie civile Ne faites point de la religion un levier politique La France ne supportera jamais cela

Que l'on nous comprenne bien : ce que nous trouvons plein de dangers, ce que nous combattons dans l'evolution actuelle du clergé de France, c'est uniquement la main mise sur le domaine politique, qui ne lui appartient pas, qu'aucun gouvernement — sauf peut-être celui de la Restauration et pour fort peu de temps — ne lui a concédé : c'est la bataille électorale annoncée a son de trompe et sous son commandement

Et, pour le dire en passant, l'application affectee que M. l'evêque de Nancy met à faire preceder toujours « l'interêt de l'Eglise » de « l'intérêt de la

France » afin de couvrir celui là par celui-ci, ne fait illusion à personne. Que les catholiques convaincus ne séparent pas ces deux intérêts, je le veux bien ; mais j'ai montré que les fils de la Révolution les distinguent.

Quant à l'adhésion des catholiques à la République, elle ne peut que nous satisfaire à tous les autres points de vue, sans compter qu'elle est la justification éclatante du long combat que nous avons soutenu pour elle. L'Europe, l'Europe monarchique, savez-vous ce qu'elle a conclu de l'événement ? C'est que le régime républicain était désormais incontestablement acquis chez nous : la distinction éminente que l'empereur de Russie a envoyée au Président de la République française pourrait être considérée comme la consécration de ce grand fait.

Enfin, en présence des graves éventualités que renferme l'agitation actuelle du prolétariat, nous comprenons fort bien que l'Église ait voulu prendre un rôle.

Que, dans les efforts qui seront faits de toutes parts pour sauvegarder la paix sociale et la justice, dans cette œuvre inévitable d'amélioration de la situation de l'ouvrier, l'Église veuille avoir sa part, qui s'en pourrait étonner ? Et, d'ailleurs, qui pourrait l'en empêcher ? Quel est donc aujourd'hui le parti qui puisse se vanter de posséder et la solution du problème — et la confiance de l'ouvrier, hélas !

P -S — Ces lignes etaient ecrites lorsque les journaux ont fait connaître la profession de foi de M. l'abbe Le Saout, candidat malheureux dans la derniere election legislative du Finistere M l'abbe declarait qu'il voulait toutes les libertes enumerees dans le Decalogue et point d'autres

C'est presenter le Decalogue sous un jour bien nouveau que d'en faire un code de libertes Esperons pour le parti catholique qu'il n'a point pris M l'abbe Le Saout pour son porte-parole, sans quoi, son affaire serait jugée

Paris — Typ A DAVY ,2 rue Madame — *Télephone*